L'éléphant

Géant de la savane

Texte et photos
Christine et Michel DENIS-HUOT

Mini Patte

MILAN

Collection dirigée par Valérie Tracqui

Ce grand mâle mesure près de 3 mètres de hauteur, c'est-à-dire le double de toi. Et il continue à grandir toute sa vie…

Bonjour éléphant !

C'est la saison sèche. Comme cela fait longtemps qu'il n'a pas plu, l'herbe de la savane africaine est toute jaune. Peu après le lever du jour, un grand mâle avance à pas lents dans la plaine. Les zèbres se poussent sur son passage. Qu'il est grand et imposant ! Il ne fait pas de bruit, sauf quand il casse une branche en marchant...

Drôle de géant

L'éléphant est rapide et agile, même s'il pèse aussi lourd qu'un camion de 5 tonnes. Il marche sur le bout des doigts, comme un cheval. Ses défenses sont de grandes incisives et sa trompe est un outil précieux. Elle lui sert de main, d'arrosoir, de paille pour boire et de nez pour sentir. Son odorat est d'ailleurs très fin...

Pour boire, l'éléphant aspire l'eau avec sa trompe, puis la souffle dans sa bouche.

Comme il est très lourd, l'éléphant possède un épais coussin élastique entre les doigts de ses pattes. Ainsi, il rebondit, un peu comme sur un trampoline.

La trompe comporte des milliers de muscles. C'est pour cela qu'elle peut bouger dans tous les sens.

Quand il fait chaud, il agite ses grandes oreilles, comme des éventails, pour se rafraîchir.

Les femelles de la troupe sont les soeurs, les nièces, les filles ou les cousines de la plus âgée. Elles font toutes partie de la même famille.

La troupe

Non loin de là,
une troupe de femelles
et de jeunes se déplace.
C'est la plus âgée qui
commande. Elle connaît
bien leur territoire, car sa
mémoire est excellente.
Selon la saison, elle sait
où sont les meilleurs
endroits pour manger,
ou pour boire.
Avec tendresse,
les dames se touchent
de leur trompe
et se serrent les unes
contre les autres.
Elles s'aiment bien !

Gourmand !

Régulièrement, les géants arrachent des touffes d'herbe avec leur trompe. Puis, ils les secouent délicatement pour enlever la terre, avant de les manger.

Intelligent, l'éléphant sait creuser sous le sable pour trouver de l'eau.

Le menu de l'éléphant est varié : herbes, feuilles, racines, fruits, écorces ou bois !

Il sait aussi arracher l'écorce d'un arbre avec ses défenses et sa trompe. C'est très bon, mais cela blesse l'arbre, qui souvent en meurt...

Il faut beaucoup de nourriture pour rassasier ces géants. La femelle en chef connaît les bons coins.

Tiens, voilà un bel acacia ! L'éléphant se dresse sur ses pattes arrière pour atteindre une haute branche. Quel gourmand ! Toute la journée, la troupe parcourt de longues distances pour trouver de quoi se nourrir.

Le mâle est inquiet. Il a senti l'odeur d'un concurrent.

Les mâles ne rejoignent les femelles que quelques jours par an.

Le mâle a chassé ce concurrent, qui devra attendre pour s'approcher de la troupe.

Le voilà !

Soudain, toute la troupe se met à gronder et à claquer des oreilles. Que se passe-t-il ? Un grand mâle s'approche, tête haute. Lui qui vit habituellement en solitaire, le voilà qui tourne autour des grandes dames en sentant leur odeur.

Finalement, il choisit une compagne et s'accouple avec elle. Puis il repart, laissant la place à d'autres mâles...

L'éléphanteau a des poils roux sur la tête, le front et le dos. Il se fatigue vite et doit se coucher souvent.

Il est encore maladroit avec sa longue trompe et doit apprendre à s'en servir !

Le petit éléphant tète avec la bouche, en relevant la trompe.

Les cousins grandissent vite. À la naissance, ils pesaient déjà 100 kilos.

Il est né

Deux ans plus tard, la maman met au monde son unique bébé. Il est déjà gros ! Une heure après sa naissance, il commence à suivre la troupe, qui avance lentement.
À la moindre peur, il se colle entre les pattes de sa maman, qui le rassure avec sa trompe. D'autres éléphanteaux naissent dans la troupe. Toutes les femelles s'occupent d'eux tendrement.

Danger !

La troupe se déplace dans la plaine. Soudain, les éléphants s'arrêtent et lèvent tous la trompe dans la même direction : voilà une lionne. Aussitôt, des adultes entourent les jeunes pour les protéger. Une grosse femelle charge le félin, oreilles écartées, en barrissant très fort. Brr ! Le son est amplifié comme dans une trompette. La lionne, intimidée, préfère s'éloigner.

Lionnes, hyènes et crocodiles peuvent attaquer les petits éléphanteaux, s'ils sont laissés seuls.

En cas de danger, ou quand les bébés dorment, les adultes les entourent pour les protéger.

L'adulte charge pour faire fuir le prédateur. Va-t'en !

Les bébés n'ont pas peur de traverser la rivière, car ils nagent bien.

La boue protège leur peau du soleil et des insectes.

Les grands frères aiment bien chahuter avec les plus jeunes.

Vive le bain !

Aujourd'hui, il fait si chaud que la troupe cherche à se rafraîchir. Voilà la rivière ! Les éléphants, tout excités, se douchent avec leur trompe. Que c'est bon ! Les jeunes roulent dans l'eau peu profonde. Ils se montent dessus et se poursuivent en s'éclaboussant. Puis la troupe rejoint la rive. Les voilà qui pataugent avec plaisir dans la boue. Ils aiment vraiment ça !

Si l'eau arrive au-dessus de sa tête, l'éléphanteau dresse la trompe pour respirer. Pas besoin de tuba !

L'éléphanteau crie après l'oiseau. C'est son premier barrissement !

Les éléphanteaux aiment se grimper dessus. C'est l'escalade !

Les petits mâles se mesurent sans cesse. Quand ils seront grands, ils chercheront à être les plus forts.

Les éléphanteaux sont sevrés vers l'âge de 2 ans. Fini le bon lait !

Plein de jeux !

Les jeunes grandissent bien car, avec les pluies, il y a beaucoup à manger. Alors, ils ont du temps pour jouer. Voilà un oiseau blanc. L'éléphanteau le charge en hurlant. Soudain, son cousin se précipite vers lui. Trompes enlacées, ils se poussent en avant, en arrière, et luttent tête contre tête. Qui est le plus fort ?

Séparation

Près de 10 ans ont passé. Les éléphanteaux sont devenus des adolescents et leurs mamans ont eu d'autres petits. Les grandes sœurs s'en occupent comme des « nounous ».

De leur côté, les mâles, devenus grands, doivent quitter la troupe dans laquelle ils sont nés. Pendant quelques années, ils resteront ensemble. Puis, ils deviendront solitaires.

Les jeunes femelles restent dans la troupe toute leur vie. La vieille dame qui dirigeait la troupe a laissé sa place de chef. La vie continue…

SAUVONS LES ÉLÉPHANTS

Les éléphants étaient encore des millions, au début du siècle en Afrique. Mais les hommes les ont massacrés pour prendre l'ivoire de leurs défenses. Aujourd'hui, ils sont protégés. Mais comme les hommes sont de plus en plus nombreux, les géants manquent de place. Comment survivront-ils ?

Dans les réserves

En Afrique, de grands espaces sont protégés pour les animaux sauvages. C'est là que vivent la plupart des éléphants. Ils ne sont pas dérangés par les voitures des touristes qui peuvent s'approcher tout près. Mais ces espaces sont souvent trop petits pour ces géants, qui font beaucoup de dégâts. Et les gardes ont du mal à les protéger.

Dans les réserves, les touristes voient les éléphants de près.

Des dents en or !

Plus les animaux sont vieux, plus leurs défenses sont grandes et plus les braconniers veulent les tuer. Ils revendent l'ivoire à des marchands, qui font sculpter des bijoux, des statues ou des manches pour les poignards. Est-ce vraiment utile ? Quand ce commerce a été interdit en 1989, le braconnage a fortement diminué. Mais depuis 1997, les pays ne sont pas arrivés à se mettre d'accord...

Le gouvernement du Kenya a fait brûler, pour l'exemple, des tonnes de défenses d'éléphants, qu'il a prises aux braconniers. Comme cela, personne ne peut plus les vendre !

Les scientifiques suivent cet éléphant, grâce à son collier émetteur.

Mieux les connaître

Les scientifiques étudient les éléphants depuis longtemps. Ils ont mis au cou de quelques femelles un collier émetteur, pour suivre leurs déplacements. D'autres chercheurs ont découvert que les géants se parlaient par des sons très graves, les infrasons, que l'homme n'entend pas. Cela leur permet de communiquer à plusieurs kilomètres.

LA FAMILLE DE L'ÉLÉPHANT

L'éléphant est le seul animal actuel à avoir une trompe. Les mammouths, ses lointains cousins, en avaient aussi, mais ils ont disparu il y a 9 000 ans.
On trouve actuellement 2 espèces d'éléphants, l'une en Asie et l'autre en Afrique.

Le daman

Le daman est gros comme un lapin. Il ne ressemble vraiment pas au grand éléphant. C'est pourtant son plus proche parent sur la terre.

L'éléphant de forêt d'Afrique

L'éléphant de forêt d'Afrique est plus petit. Il ne pèse pas plus de 4 tonnes ! Ses oreilles sont assez petites et rondes. Ses défenses sont droites et minces.

L'éléphant de savane

L'éléphant de savane d'Afrique est le plus lourd de tous les animaux sur terre. Ses oreilles sont très larges et ses énormes défenses sont recourbées vers le haut.

L'éléphant d'Asie

L'éléphant d'Asie a des oreilles beaucoup plus petites que celui d'Afrique. Son front est bombé et son dos est rond. La femelle n'a pas de défenses, de même que la moitié des mâles. Les Asiatiques l'ont domestiqué pour les aider à porter de lourdes charges.

Quelques questions sur la vie de l'éléphant, dont tu trouveras les réponses dans ton livre.

Crédit photographique :

Toutes les photos sont de M. et C. DENIS-HUOT, sauf :

R. SEITRE/ BIOS : p. 27 (h)

Loi 49.956 du 16.07.1949
Dépôt légal : 2e trimestre 2002
ISBN : 2.7459.0020.X
Imprimé en Belgique par Casterman, S.A., Tournai.